Réussissez desserts et entremets

La bibliothèque pratique Femmes d'aujourd'hui
Collection dirigée par Nathalie Perrin

Réussissez les plats classiques de la cuisine française
Cuisinez bien en toutes occasions
Réussissez gâteaux et friandises
Réussissez desserts et entremets
Faites vous-même placards et étagères
Faites vous-mêmes poufs et canapés
Mieux comprendre les petits problèmes de nos enfants
Mieux comprendre le tout-petit avant et après la naissance

femmes d'aujourd'hui

Réussissez desserts et entremets

Éditions du Hennin / Albin Michel

22, rue Huyghens, 75014 Paris
ISBN 2-226-01886-7

La cuisine d'aujourd'hui se veut plus légère, les desserts que nous aimons aussi. Pour terminer les repas, nous les apprécions d'autant plus qu'ils sont frais et digestes. D'où le succès toujours assuré des mousses, soufflés, bavarois, charlottes et autres entremets aux fruits qui clôturent un dîner sans l'alourdir. Nous avons rassemblé dans ce livre quelques-uns de ces desserts favoris qui feront le succès de votre table. Vous y trouverez aussi quelques grands classiques qu'il ne saurait être question d'oublier, car ils font toujours le charme des goûters gourmands. Toutes les recettes ont été filmées étape par étape afin d'en faciliter la compréhension. En tête de chacune d'elles sont réunies les indications utiles pour leur réalisation : temps de préparation, de cuisson, matériel et le petit tour de main qui garantit la réussite.

Marie-Jo Denisty
Chef du service « Cuisine » de Femmes d'Aujourd'hui

Sommaire

Crèmes et entremets

Fruits

Gâteaux

Glaces

ASSEZ FACILE.
La cuisson est délicate et il faut fouetter énergiquement.

La crème sabayon

Préparation et Cuisson :
15 minutes.

Matériel : un fouet à sauce.

A faire au dernier moment et à consommer aussitôt.

1.
Ingrédients (pour 6 personnes) : 6 œufs, 150 g de sucre, une pincée de vanille en poudre (facultatif), 2 dl de vin doux au choix : marsala, xérès, porto, sauternes, banyuls, muscat...

1

2.
Séparez les jaunes d'œufs des blancs.

2

3

4

5

6

3.
Ajoutez éventuellement la vanille, puis le sucre.

4.
Fouettez le mélange longuement au fouet à sauce (le fouet à main est plus sûr) jusqu'à ce que le mélange devienne mousseux et forme ruban. Versez peu à peu le vin en continuant à fouetter. D'autre part, faites chauffer de l'eau pour le bain-marie.

5.
Portez la crème dans le bain-marie chaud mais non bouillant (une trop forte chaleur ferait coaguler les œufs et « tourner » la crème). Continuez à battre énergiquement jusqu'à ce que la préparation épaississe et double de volume.

6.
Versez alors la crème dans les coupes de service et servez chaud, tel quel, accompagné de langues de chat ou de biscuit de Savoie.

Remarque : *Pour mesurer facilement le sucre et le vin nécessaires, vous pouvez utiliser les demi-coquilles d'œufs vides (vous aurez ainsi toujours les mêmes proportions, même si les œufs sont petits ou très gros). On compte généralement pour 1 jaune d'œuf : 1/2 coquille d'œuf de vin et 1/2 coquille d'œuf de sucre, soit pour 6 jaunes d'œufs, 6 demi-coquilles de vin et 6 demi-coquilles de sucre.*

Variante : on peut ajouter quelques blancs battus en neige à la fin de la préparation et garnir de zeste d'orange et de citron râpé.

La crème renversée

Préparation : 15 minutes.

Cuisson : 45 minutes à four moyen (180 °C) ou 12 minutes en autocuiseur.

Matériel : un moule à charlotte de 16 cm de diamètre extérieur et un fouet à main.

A préparer le matin pour le soir ou la veille pour le lendemain, car elle doit être complètement refroidie au moment du démoulage et du service. Ne peut être conservée plus de 48 heures.

Cette crème, particulièrement appréciée des enfants, est dite « renversée » parce que démoulée après refroidissement. Cuite sans caramel et servie dans son récipient de cuisson, elle prend le nom de flan au lait.

1.
Ingrédients (pour 6 personnes) : 1 l de lait, 150 g de sucre, 1 gousse de vanille, 6 œufs, 1 sachet de caramel tout préparé ou 15 morceaux de sucre et 2 c à soupe d'eau.

1

2

2.

Faites bouillir le lait avec le sucre et la vanille fendue en deux ; caramélisez un moule à charlotte avec le caramel tout préparé. Si vous utilisez du sucre en morceaux : faites-le fondre avec l'eau jusqu'à ce qu'il prenne une couleur brun moyen, versez-le dans le moule et inclinez celui-ci dans tous les sens pour que le caramel enduise toutes les parois (prenez la précaution de faire chauffer auparavant le moule au four, ainsi le caramel ne figera pas aussitôt).

3

3.

Battez les œufs entiers sans trop les faire mousser. Versez le lait chaud sur les œufs sans cesser de battre.

▶

4 

4.
Mettez la crème dans le moule caramélisé et placez celui-ci dans un bain-marie. Faites cuire à four moyen pendant 45 mn environ. L'eau du bain-marie ne doit pas bouillir. Ajoutez-y éventuellement un peu d'eau froide si nécessaire. Pour vérifier la cuisson, secouez légèrement le moule, la crème doit être consistante.

Pour cuire en autocuiseur :
Versez deux verres d'eau chaude dans le fond du récipient. Couvrez le moule rempli de crème avec une feuille de papier d'aluminium que vous fixerez par une ficelle et placez-le dans le panier de l'autocuiseur. Fermez et faites cuire 12 mn à partir de la mise sous pression.

5 

5.
Démoulez sur le plat de service seulement lorsque la crème est froide. Passez la lame d'un couteau ou d'une spatule le long du bord pour la décoller. Servez-la telle quelle ou garnie de fruits.

La crème au beurre

Préparation :
20 minutes.

Matériel : un fouet.

Peut être faite à l'avance et conservée au réfrigérateur 5 à 6 jours dans un récipient bien fermé.

1.
Ingrédients : 3 œufs, 150 g de sucre, 250 g de beurre, 1 c à café de café soluble.

1

***Attention :** Le beurre doit être sorti du réfrigérateur assez tôt pour être suffisamment ramolli au moment où on l'ajoute aux œufs. De même, si vous conservez la crème au réfrigérateur, sortez-la une heure avant de l'utiliser et retravaillez-la à la fourchette pour la rendre à nouveau homogène.*

2.
Séparez les jaunes d'œufs des blancs, gardez ceux-ci pour une autre utilisation. Mettez les jaunes dans une terrine avec le sucre et mélangez à la spatule. Mettez la terrine au bain-marie sur feu très doux et continuez à fouetter le mélange jusqu'à ce qu'il soit léger et mousseux.

2

3.
Laissez refroidir la préparation en remuant souvent. Incorporez peu à peu le beurre ramolli, divisé en parcelles.

▶

4

4-5.

Vous devez avoir une crème lisse. Ajoutez alors le café soluble délayé dans un peu d'eau. La crème au beurre est utilisée pour fourrer et pour garnir de nombreux gâteaux (voir recette ci-dessous). Mise dans une poche à douille cannelée, elle permet de réaliser de jolies décorations en pâtisserie.

5

La crème au beurre peut être parfumée différemment. Pour 250 g de beurre, il faut :
Café (crème moka) : *1 c à café de café soluble ou 2 c à soupe de café très fort.*
Liqueur ou alcool *(Grand Marnier, Curaçao, kirsch, etc.) : 5 cl.*
Chocolat : *125 g de chocolat fondu au bain-marie.*
Fruits *(citron, orange) : le zeste râpé de 2 fruits.*
Praliné : *100 g de pralin pilé et additionné d'un peu d'eau.*

Biscuit à la crème moka

4 œufs, 150 g de sucre, 1 pincée de sel, 45 g de farine, 45 g de fécule. Crème : voir ingrédients ci-dessus.

Travaillez les jaunes d'œufs, le sucre et le sel en mélange mousseux. Ajoutez la farine et la fécule, puis, délicatement, les blancs d'œufs battus en neige. Versez dans un moule (de 25 cm de diamètre) beurré et fariné. Faites cuire pendant 30 mn. Laissez refroidir sur grille. Coupez le gâteau en deux horizontalement. Tartinez une moitié de crème moka, reconstituez le gâteau, recouvrez-le d'une couche de crème et décorez à la poche à douille.

FACILE
mais il faut bien surveiller la cuisson.

La crème anglaise à la vanille

A préparer quelques heures avant de la servir pour qu'elle ait le temps de refroidir.

Préparation et cuisson : 20 minutes.

Matériel : un fouet.

Ne peut pas être conservée plus de 48 heures au réfrigérateur. Comme toutes les préparations à base d'œufs et de lait, la crème anglaise doit être consommée rapidement.

Pour parfumer vos entremets à la vanille, utilisez de préférence de la vanille en gousse. Celle-ci donnera tout son parfum si vous la fendez en deux dans le sens de la longueur.

1.
Ingrédients (pour 1 l 1/2 environ de crème anglaise) : 1 l de lait, 1 gousse de vanille, 6 œufs, 100 g de sucre.

►

2

2.

Faites bouillir le lait avec la gousse de vanille. Séparez les jaunes d'œufs des blancs (gardez ceux-ci pour une autre utilisation). Travaillez les jaunes d'œufs avec le sucre en mélange mousseux. Retirez la gousse de vanille. Versez le lait peu à peu sur le mélange œufs-sucre.

3

3.

Versez la crème dans la casserole où a bouilli le lait et placez-la dans un bain-marie chaud mais non bouillant. Faites épaissir sans cesser de remuer à la cuillère en bois. Attention, évitez l'excès de chaleur qui ferait coaguler les œufs et tourner la crème. Ne prolongez pas non plus la cuisson trop longtemps : dès que la crème nappe bien la cuillère, retirez-la du bain-marie (il faut une dizaine de minutes environ).

4

4.
Si, malgré vos précautions, vous avez laissé tourner la crème, versez-la dans une bouteille et agitez-la pour qu'elle retrouve son homogénéité (attention, la crème ne doit pas être trop chaude). Ou plus simplement, fouettez-la pendant quelques secondes hors du feu avec un batteur électrique.

5.
Servez la crème bien froide avec un pudding, des biscuits secs, du riz, une charlotte aux fruits, une brioche, etc.

5

Variantes : *La vanille peut être remplacée par d'autres parfums :*

- *Café : 1 c à soupe de café soluble dilué dans un peu d'eau.*
- *Chocolat : 2 c à soupe de cacao en poudre délayé dans le lait.*
- *Caramel : 100 g de sucre imbibé d'eau cuit jusqu'à la couleur caramel foncé puis « éteint » avec un demi-verre d'eau.*

Remarques : *La crème anglaise sert de base à la préparation des crèmes glacées (voir p. 94), de certains bavarois et de certaines charlottes (photo de couverture). Pour la faire « tenir », on y ajoute de la gélatine (6 à 7 feuilles pour 1 l 1/2) et de la Chantilly (250 g). La crème qui garnit la charlotte photographiée en couverture est, en plus, enrichie de fruits confits macérés dans du kirsch.*

Les œufs à la neige

Préparation et cuisson : 40 minutes.

Matériel : un batteur électrique et un grand plat creux.

A préparer quelques heures à l'avance pour que la crème soit bien froide. Ne posez les blancs d'œufs pochés sur la crème qu'au moment de servir.

1.
Ingrédients (pour 4 personnes) : 4 œufs, une pincée de sel, 75 g de sucre semoule. **Crème :** 3/4 l de lait, 1 gousse de vanille, 100 g de sucre semoule. **Pour garnir :** 75 g de chocolat, 4 c à soupe de lait. (Cette garniture est facultative et peut être remplacée par des amandes effilées grillées ou du caramel.)

1

2.
Séparez les jaunes d'œufs des blancs (veillez à ce que ceux-ci soient bien « propres » sans trace de jaune, pour qu'ils montent bien). Fouettez-les en neige ferme avec la pincée de sel, ajoutez le sucre avec précaution. Vous pouvez, si vous avez le temps, les monter au fouet à main, ils seront plus légers.

2

3

4

5

3.
Faites bouillir le lait avec la gousse de vanille fendue en deux. Faites-y glisser des cuillerées de blanc et laissez-les pocher 30 secondes en les retournant à mi-cuisson. Le liquide doit être maintenu frémissant. Nous vous montrons ici le pochage au lait. Mais le pochage à l'eau vous donnera des œufs plus blancs. Opérez la cuisson de toute façon en plusieurs fois et rapidement. Égouttez les blancs pochés au fur et à mesure sur un papier absorbant.

Attention : *Ne prolongez pas la cuisson des blancs d'œufs, ils se ratatineraient en refroidissant et deviendraient caoutchouteux.*

4.
Fouettez les jaunes d'œufs avec le sucre en mélange mousseux. Versez cette préparation dans le lait et faites épaissir sur feu doux en remuant et en évitant soigneusement l'ébullition. Retirez du feu, laissez refroidir en remuant de temps en temps.

5.
Pour servir, mettez les blancs d'œufs sur la crème froide. Nappez à volonté de chocolat fondu dans le lait, ou d'une autre garniture de votre choix.

FACILE

L'île flottante

Préparation : 10 minutes.

Cuisson : 30 minutes.

Matériel : un batteur électrique et un moule à charlotte anti-adhésif de 16 cm de diamètre extérieur.

A consommer le jour même.

1.
Ingrédients (pour 6 personnes) : 1 l de crème anglaise (recette p. 15), 8 œufs, une pincée de sel, 200 g de sucre glace (impalpable), 100 g d'amandes et de noisettes en poudre ou de pralines roses écrasées.

1

2.
Séparez les blancs d'œufs des jaunes. Les blancs doivent être bien « propres », sans trace de jaune.

2

3

3.
Battez les blancs d'œufs avec une pincée de sel en neige ferme mais sans excès, à l'aide du batteur électrique. Ajoutez peu à peu le sucre glace.

4

4.
Versez délicatement le mélange dans un moule à charlotte à revêtement anti-adhésif ou tapissé de papier d'aluminium beurré.

5

5.
Placez le moule dans un bain-marie chaud, puis mettez le tout à four assez chaud (th. 6, 220° C), de 25 à 30 mn. Laissez refroidir.

▶

6

6.
Au moment de servir, procédez au démoulage.

7

7.
Renversez l'île sur un plat creux et saupoudrez le dessus du mélange amandes et noisettes moulues.

8

8.
Versez la crème anglaise tout autour de « l'île » qui, très légère, doit flotter sur la crème. Servez sans attendre.

***Variante** : Vous pouvez incorporer les amandes, noisettes ou pralines aux blancs en neige avant leur cuisson.*

TRÈS FACILE

La mousse au chocolat

Préparation : 20 minutes.

Réfrigération : 2 à 3 heures. (Répartie dans des coupes individuelles, la mousse refroidit plus vite.)

Matériel : une cuillère en bois, un batteur électrique ou un fouet à main.

1.
Ingrédients (pour 6 personnes) : 175 g de chocolat fondant, 1 c à soupe de lait ou d'eau, 30 g de beurre, 4 œufs, une pincée de sel, 80 g de sucre en poudre.

1

2.
Coupez le chocolat en petits morceaux et faites-les fondre dans un récipient placé au bain-marie. Ajoutez le lait et le beurre et remuez à la cuillère en bois jusqu'à ce que vous obteniez une préparation lisse. Attention, le chocolat ne doit pas cuire, le bainmarie ne doit donc pas être trop chaud.

▶

3

4

5

3.
Dès que le chocolat est bien fondu, retirez le récipient du bain-marie. Séparez les blancs d'œufs des jaunes, ajoutez ceux-ci, un à un, au chocolat, en mélangeant bien. Ajoutez alors le sucre.

4.
Fouettez les blancs d'œufs en neige ferme avec une pincée de sel. Joignez d'abord le quart des blancs au chocolat en tournant sans précaution pour alléger la préparation. Incorporez ensuite le reste, très délicatement, en soulevant la crème pour la faire retomber sur les blancs d'œufs. Ainsi la mousse restera légère. Continuez jusqu'à ce qu'il ne reste plus aucune trace de blancs d'œuf.

5.
Mettez au réfrigérateur et servez frais, dans une jatte ou dans des coupes individuelles. Accompagnez à volonté de tuiles (recette p. 89) ou de cigarettes russes.

Variante : *Vous pouvez parfumer la mousse avec du café très fort mis à la place du lait, ou un zeste d'orange râpé.*

FACILE

La mousse à l'orange

Préparation : 20 minutes.

Réfrigération : 2 à 3 heures.

Matériel : une passoire fine ou un chinois, un fouet à main ou électrique, un presse-fruits.

A consommer le jour même.

1.
Ingrédients (pour 4 personnes) : 4 oranges, 1/2 citron, 2 œufs, 6 c à soupe de sucre en poudre, 2 c à soupe de Maïzena, 2 c à soupe de Curaçao ou de toute autre liqueur à l'orange (Grand Marnier, Cointreau).

1

2.
Lavez les oranges, coupez-les en deux et pressez-les. Recueillez également le jus du 1/2 citron et passez le jus des fruits à la passoire fine ou au chinois.

▶

3

3.

Séparez les blancs d'œufs des jaunes. Travaillez ceux-ci avec le sucre en fouettant pour obtenir un mélange blanchâtre et mousseux.

4

4.

Incorporez la Maïzena en travaillant toujours le mélange. D'autre part, faites tiédir le jus de fruits et la liqueur dans une casserole, ajoutez la préparation précédente et laissez épaissir à feu doux jusqu'au premier bouillon. Laissez tiédir.

5

5.
Battez les blancs d'œufs en neige et incorporez-les délicatement à la crème. Versez la préparation dans le plat de service, laissez refroidir, puis mettez au réfrigérateur.

6

6.
Servez la mousse bien froide, accompagnée de biscuits à volonté.

ASSEZ FACILE
mais la cuisson doit être surveillée.

Le soufflé à la liqueur

Préparation : 20 minutes.

Cuisson : 30 à 40 minutes.

Matériel : un fouet, un batteur électrique et un moule à soufflé de 20 cm de diamètre.

Le soufflé doit être cuit à la dernière minute mais l'appareil à soufflé peut être préparé avant le repas, sans les blancs d'œufs. A partir du moment où les blancs d'œufs sont battus en neige, toutes les opérations doivent s'enchaîner.

Comme tous les soufflés chauds, celui-ci n'attend pas. Il faut donc calculer l'heure exacte du dessert pour l'apporter cuit et gonflé à point au moment voulu.

1.
Ingrédients (pour 6 personnes) : 3 dl de lait, 100 g de sucre, une pincée de sel, 50 g de farine, 50 g de beurre, 5 œufs, un petit verre de liqueur au choix (Grand Marnier, Cointreau, kirsch).

2.
Faites bouillir le lait avec le sucre et le sel. Versez ce lait chaud progressivement sur la farine en délayant peu à peu à la cuillère en bois. Portez le mélange sur feu doux et faites chauffer jusqu'à ébullition sans cesser de remuer.

2

3

3.

Retirez du feu, laissez tiédir un peu, puis ajoutez le beurre en parcelles et les jaunes d'œufs que vous aurez séparés des blancs. Mélangez bien au fouet pour que la préparation soit homogène. Joignez la liqueur choisie.

4

4.

Fouettez les blancs d'œufs en neige (pas trop ferme) avec une pincée de sel. Incorporez d'abord le tiers des blancs à la préparation, en remuant sans précaution pour alléger la masse. Il sera plus facile ensuite d'incorporer très délicatement le reste des blancs.

5

5.

Beurrez un moule à soufflé et versez-y la préparation, elle ne doit arriver qu'aux deux tiers de la hauteur du moule, car elle monte en cuisant et elle ne doit pas déborder dans le four. Vous pouvez pour faciliter le service répartir l'appareil dans des moules individuels.

6

6.

Enfournez à four chaud préchauffé (230° C). Le soufflé doit progressivement monter. Il est prêt au bout de 30 à 40 mn (20 mn pour des soufflés dans des moules individuels). N'ouvrez pas la porte du four pendant la cuisson. Servez sans attendre.

L'omelette aux cerises

Préparation : 40 minutes (compte tenu du dénoyautage des cerises, opération qui peut être faite à l'avance).

Cuisson : 3 à 4 minutes.

Matériel : un dénoyauteur, un fouet à main, un batteur électrique et une poêle à revêtement anti-adhésif.

A faire au dernier moment.

1.
Ingrédients (pour 4 personnes) : 500 g de cerises sucrées. **Sirop :** 2 dl d'eau, 75 g de sucre. **Omelette :** 6 œufs, 50 g de sucre, une pincée de sel, 30 g de beurre. Un petit verre de kirsch (facultatif).

1

2.
Lavez, équeutez et dénoyautez les cerises. Recueillez le jus qui peut couler pendant cette opération dans une casserole. Versez-y le sucre et l'eau et portez à ébullition. Jetez-y les cerises et laissez pocher 15 mn.

2

Remarque : *Hors saison, utilisez des cerises en conserve ; il n'est pas nécessaire alors de les pocher, réchauffez-les simplement dans le jus de la boîte.*

3

3.

Égouttez les cerises et laissez réduire le sirop qui doit épaissir. Pendant ce temps, cassez les œufs dans un saladier en réservant 2 blancs que vous fouetterez à part en neige. Battez le reste en omelette avec le sucre. Incorporez les blancs en neige aux œufs battus.

4

4.

Faites chauffer le beurre dans une poêle à revêtement anti-adhésif, si possible. Versez-y les œufs et faites cuire comme une omelette ordinaire.

▶

5

5.
Quand elle est presque cuite, garnissez-la de cerises.

6.
Repliez l'omelette, saupoudrez-la de sucre et servez aussitôt en la flambant à volonté au kirsch tiédi auparavant. Accompagnez du sirop réduit parfumé également à volonté avec 1 c à soupe de kirsch.

Le bavarois à l'ananas

A préparer la veille.

Préparation : 30 minutes.

Réfrigération : une nuit.

Matériel : un fouet, un mixer et un moule décoratif à douille centrale ou un moule en couronne de 25 cm de diamètre.

Les bavarois sont des entremets agréablement parfumés qui se préparent à l'avance et se dégustent bien froids. Ils peuvent être à base de crème ou de fruits comme dans la recette que nous vous proposons. Pour bien les réussir, il faut incorporer soigneusement la gélatine qui les maintient. Ce qui ne pose pas de problème si on la ramollit au préalable dans de l'eau froide.

1.
Ingrédients (pour 8-10 personnes) : 7 feuilles de gélatine, 14 tranches d'ananas (en boîte au sirop).
Sirop : le jus d'une boîte d'ananas, 75 g de sucre, 1 citron, 1 petit verre de kirsch, 250 g de crème fraîche.

2

2.
Égouttez l'ananas, conservez le jus. Faites ramollir les feuilles de gélatine dans l'eau froide pendant 15 mn environ.

3

3.
Mettez le jus de la boîte d'ananas dans une casserole, ajoutez le sucre, remuez bien sur feu doux pour le faire dissoudre, vous devez avoir 1/4 l de sirop. Laissez tiédir.

4

4.
Égouttez les feuilles de gélatine et incorporez-les l'une après l'autre dans le sirop chaud en remuant bien pour qu'il n'y ait pas de grumeaux.

5

5.
Réduisez les tranches d'ananas en purée au mixer. Ajoutez cette purée au sirop.

6

6.
Joignez le jus du citron pressé.

7

7.
Parfumez au kirsch.

8

8.
D'autre part, fouettez la crème fraîche en Chantilly.

9

9.
Incorporez cette crème à la purée d'ananas.

▶

10

10.

Huilez légèrement votre moule avec une huile au goût neutre (huile d'arachide) et versez-y la composition. Mettez au frais jusqu'au lendemain.

11

11.

Démoulez sur le plat de service. Pour faciliter le démoulage, vous pouvez tremper le moule pendant quelques secondes dans de l'eau chaude. Retournez-le ensuite d'un coup sec au centre du plat.

12.

Décorez à volonté de tranches d'ananas et de fruits confits. Vous pouvez également napper le bavarois d'un coulis de fruits rouges.

FACILE

Le flamri de semoule aux fraises

Préparation : 30 minutes.

Cuisson : 40 minutes + 10 minutes pour la purée de fraises.

Matériel : un batteur électrique, un moule en couronne de 24 cm de diamètre et un mixer.

Peut être préparé la veille.

1.
Ingrédients (pour 6 personnes) : 1 l de lait, 1 gousse de vanille, 150 g de semoule de blé, une pincée de sel, 125 g de sucre, 3 œufs, 500 g de fraises, 4 c à soupe de sucre glace, un petit verre de kirsch (facultatif).

1

2.
Faites bouillir le lait avec la gousse de vanille fendue en deux. A l'ébullition, versez la semoule en pluie tout en remuant à la cuillère en bois. Laissez cuire pendant 15 mn environ, jusqu'à ce que le mélange épaississe.

2

3.
Séparez les jaunes d'œufs des blancs, battez ceux-ci en neige ferme. Ajoutez les jaunes à la semoule, hors du feu, ainsi que le sucre et le sel.

▶

4

4.
Incorporez ensuite les blancs d'œufs, délicatement.

5

5-6.
Versez la préparation dans un moule beurré et faites cuire au bain-marie pendant 40 mn. Pendant ce temps, nettoyez les fraises, réduisez-les en purée soit à la fourchette, soit au mixer en les mélangeant avec le sucre.

6

7.
Démoulez la couronne de semoule sur le plat de service. Laissez refroidir, mettez au frais. Au moment de servir, nappez de purée de fraises et décorez à volonté de fruits réservés.

7

Variantes :
- *Selon la saison, le flamri de semoule peut être nappé de purée sucrée d'autres fruits : framboises ou groseilles, pêches ou abricots, etc.*
- *Le lait de cuisson de la semoule peut être remplacé par un mélange moitié eau, moitié vin blanc.*
- *Vous pouvez ajouter à la semoule une poignée de fruits confits hachés en petits morceaux.*

FACILE

Le riz à l'impératrice

A faire la veille.

Préparation et cuisson : 1 heure 15.

Réfrigération : une nuit.

Matériel : un moule à charlotte de 20 cm de diamètre.

1.
Ingrédients (pour 6 personnes) : 150 g de riz (à grains ronds de préférence, il est plus moelleux). 3/4 l de lait, 150 g de sucre. 1 gousse de vanille. **Crème anglaise :** 1/2 l de lait, 4 jaunes d'œufs, 150 g de sucre. 100 g de fruits confits macérés dans 1 petit verre de kirsch, 3 feuilles de gélatine, 100 g de crème fraîche, fruits confits entiers pour la décoration.

1

2.
Lavez le riz à l'eau courante, puis faites-le « crever » 3 mn à l'eau bouillante salée. Égouttez-le, puis jetez-le dans le lait bouilli avec le sucre et la vanille fendue en deux. Remuez, puis laissez cuire sur feu doux sans y toucher, jusqu'à ce que le riz ait absorbé tout le liquide (30 mn environ).

▶

3

3.
D'autre part, préparez la crème anglaise avec les ingrédients indiqués : faites bouillir le lait, puis versez-le bouillant sur les jaunes d'œufs travaillés avec le sucre sur feu très doux, en remuant jusqu'à épaississement.

4

4.
Quand la crème est nappante, ajoutez les fruits confits macérés dans le kirsch, puis versez le tout dans le riz (retirez la gousse de vanille).

5

5.

Joignez une à une les feuilles de gélatine délayées dans un peu d'eau froide, mélangez soigneusement. Incorporez la crème fraîche battue en Chantilly au riz refroidi.

6.

Versez la préparation dans un moule à charlotte beurré. Tassez bien et mettez au réfrigérateur jusqu'au lendemain. Pour servir, démoulez (vous pouvez napper à volonté d'un peu de crème anglaise réservée) et décorez à volonté de fruits confits.

FACILE

Le pudding de pain

Préparation :
45 minutes +
30 minutes de repos pour imbiber le pain.

Cuisson : 45 minutes.

Matériel : un batteur électrique et un moule à charlotte de 20 cm de diamètre.

Peut être conservé plusieurs jours tant qu'il n'est pas nappé de crème.

1.
Ingrédients (pour 6-8 personnes) : 500 g de pain de mie rassis, 3/4 l de lait, 150 g de sucre, 1 gousse de vanille, 100 g de fruits confits variés, 50 g de raisins secs, un petit verre de rhum, 5 œufs. **Caramel :** 200 g de sucre en morceaux, 2 c à soupe d'eau. **Pour servir :** crème anglaise à volonté (voir recette page 15).

1

2.
Écroûtez le pain, coupez la mie en petits morceaux. Pendant ce temps, faites bouillir le lait avec le sucre et la gousse de vanille fendue en deux.

2

3

3.
Hachez les fruits en petits morceaux, mélangez-les aux raisins secs et arrosez-les avec le rhum. Laissez macérer pendant 30 mn au moins. Retirez la gousse de vanille du lait et versez-le encore chaud sur le pain. Laissez tremper également pendant 30 mn environ.

4

4.
Quand le pain a absorbé tout le lait, travaillez-le à la fourchette pour obtenir une pâte homogène, puis incorporez les jaunes d'œufs.

5

5.
Mettez une pincée de sel dans les blancs d'œufs propres et sans trace de jaune pour qu'ils montent bien. Fouettez-les en neige ferme.

▶

6

6.
Incorporez les blancs d'œufs à la préparation précédente, délicatement, en soulevant la masse de bas en haut pour ne pas « casser » les blancs.

7

7.
Joignez les fruits confits et les raisins secs ainsi que le jus de macération. D'autre part, faites chauffer le sucre en morceaux et l'eau pour faire un caramel.

8

8.
Quand le sucre a atteint la couleur caramel désirée, versez-le dans un moule à charlotte que vous inclinerez dans tous les sens pour bien le répartir.

9

9.
Versez-y la préparation sans remplir le moule entièrement. D'autre part, vous aurez fait chauffer le four à 180° C.

10

10.
Placez le moule dans un récipient contenant de l'eau et supportant le passage au four et faites cuire à four moyen pendant 45 mn environ.

11

11.
Laissez tiédir avant de démouler. Décorez de fruits confits à volonté et servez tiède ou froid avec la crème anglaise bien froide.

Les crêpes

Préparation : 15 minutes.

Repos de la pâte : 1 ou 2 heures.

Cuisson : 2 à 3 minutes de chaque côté pour une crêpe.

Matériel : une louche, une ou deux poêles à revêtement anti-adhésif et une spatule.

Les recettes de crêpes sont nombreuses. Celles que nous vous proposons sont légères car on ajoute de la bière dans la pâte. Pour des crêpes plus fines, vous pouvez remplacer un verre de lait par un verre d'eau. Pour des crêpes mœlleuses et légèrement soufflées, vous pouvez incorporer un blanc d'œuf battu en neige.

1.
Ingrédients (pour une vingtaine de crêpes) : 250 g de farine, 3 œufs, 4 dl de lait, 1 dl 1/2 de bière blonde, 5 c à soupe d'huile, une pincée de sel.

1

2

2.
Mettez la farine en fontaine dans une terrine. Cassez les œufs au milieu.

3

3.
Incorporez les œufs à la farine en remuant à la cuillère en bois.

4

4.
Versez le lait, sans cesser de remuer, progressivement, pour éviter les grumeaux. Ajoutez ensuite la bière. Vous devez avoir une pâte lisse et fluide. La quantité de liquide de la pâte dépend des qualités d'absorption de la farine. Vous devez en mettre plus ou moins (attention donc en ajoutant la bière).

5

5.
Ajoutez l'huile et le sel, joignez aussi le sucre et un parfum de votre choix : vanille (1 sachet de sucre vanillé), alcool (1 petit verre à liqueur de cognac, rhum, liqueur d'orange). Laissez reposer 2 h au moins avant d'utiliser la pâte.

6

6.

Vérifiez alors la consistance. Remuez-la. Si elle a trop épaissi, ajoutez un peu de lait.

7

7.

La cuisson des crêpes : huilez légèrement la poêle avec un tampon imbibé d'huile. Laissez chauffer puis versez-y une petite louche de pâte. Faites cuire d'un côté à feu vif, puis retournez la crêpe à l'aide d'une spatule et faites cuire de l'autre côté en baissant un peu le feu. Servez aussitôt avec de la crème, de la confiture, du beurre, du sucre, etc.

Les crêpes Suzette

Confection des crêpes : 1 heure (ou 30 minutes si l'on dispose de 2 poêles).

Confection de la garniture : 10 minutes.

Mise au point : 10 minutes.

Matériel : 1 ou 2 poêles à revêtement anti-adhésif et, éventuellement, un petit réchaud de table.

Les crêpes peuvent être faites à l'avance ainsi que la garniture. La mise au point finale se fait au dernier moment.

Il est de tradition de faire sauter les crêpes à la Chandeleur, c'est un gage de bonheur et de succès pour toute l'année. Celles-ci furent inventées, dit-on, en l'honneur d'une jeune fille prénommée Suzette qui accompagnait, à Paris, le prince de Galles, futur roi Edward VII.

1.
Ingrédients (pour 8 personnes) : Pâte à crêpes préparée avec 250 g de farine, 3 œufs, 1/2 l de lait, 60 g de sucre, une pincée de sel, 3 c à soupe d'huile, 1 c à soupe de liqueur d'orange (Grand Marnier, Cointreau, Curaçao). **Garniture :** 125 g de beurre, 100 g de sucre, 2 oranges non traitées (ou mieux, 2 mandarines), 3 c à soupe de liqueur d'orange. **Pour flamber :** 2 c à soupe de sucre, 1 dl 1/2 de liqueur d'orange.

2.
Confectionnez des crêpes assez fines (voir p. 46) et gardez-les au chaud à l'entrée du four, couvertes de papier d'aluminium, ou sur une casserole d'eau chaude.

1

2

3 

3.
Préparez la garniture : mettez le beurre (à température ambiante) dans une terrine et ajoutez le sucre.

4 

4.
Pétrissez rapidement ce mélange à la fourchette, jusqu'à l'obtention d'une pommade lisse.

5 

5.
Râpez finement le zeste des oranges (ou des mandarines) au-dessus du beurre.

6 

6.
Ajoutez la liqueur.

▶

7

7.
Tartinez les crêpes chaudes de cette préparation.

8

8.
Repliez-les au fur et à mesure en éventail et rangez-les sur le plat de service chauffé. Passez le plat garni pendant quelques minutes dans le four chaud ou posez-le sur un réchaud de table, si vous en avez un.

9

9.
Faites tiédir l'alcool qui doit servir à flamber. Il sera ainsi plus facile à enflammer.

10

10.
Quand les crêpes sont bien chaudes, saupoudrez-les de sucre.

11

11.
Arrosez le plat avec l'alcool tiédi.

12.
Faites flamber en inclinant le plat pour que tout l'alcool brûle.

Ces crêpes peuvent être préparées d'avance et passées à four doux (th. 3-4), pendant 15 mn avant de les flamber. Protégez-les alors d'une feuille de papier d'aluminium.

Les beignets soufflés

Préparation de la pâte : 15 minutes.

Cuisson des beignets : ± 20 minutes.

Matériel : une friteuse, une écumoire et du papier absorbant.

La pâte peut être préparée à l'avance, mais les beignets doivent être consommés aussitôt cuits.

Les beignets soufflés que l'on appelle aussi « pets-de-nonne » sont faits à base de pâte à choux.

1.
Ingrédients : 1/4 l d'eau, 100 g de beurre, 1 pincée de sel, 1 c à soupe de sucre, 150 g de farine, 4 œufs, le zeste râpé d'un demi-citron, 1 petit verre de cognac.

1

2

2.
Faites chauffer l'eau, le beurre, le sel et le sucre. Quand le liquide commence à bouillir, retirez la casserole du feu et versez, d'un seul coup, toute la farine. Remuez vivement pour incorporer la farine au liquide. Remettez sur le feu et continuez à remuer jusqu'à ce que la pâte se détache des parois de la casserole. Hors du feu, joignez les œufs entiers, l'un après l'autre, en les incorporant bien à chaque fois. Joignez le zeste de citron et le cognac.

3

3.
Faites chauffer l'huile de friture vers 120° C, si vous avez une friteuse électrique (température plus basse que pour les beignets ordinaires). Si vous n'avez pas de thermostat, contrôlez la bonne température en jetant dans l'huile une noisette de pâte, elle doit remonter immédiatement.

4

4.
Continuez à jeter des cuillerées de pâte dans la friture (utilisez une petite cuillère préalablement chauffée). Les beignets doivent gonfler peu à peu. Augmentez alors progressivement le feu (175° C au thermostat) pour qu'ils dorent.

▶

5

5.
Retirez-les de la friture à l'aide d'une écumoire et déposez-les sur un papier absorbant pour bien les égoutter.

6.
Saupoudrez de sucre glace et servez aussitôt.

*Vous pouvez à volonté
fourrer ces beignets
de crème pâtissière,
de confiture ou de marmelade
de pommes :
faites une petite incision
dans chaque beignet,
et à l'aide d'une poche à douille
à embout très fin,
fourrez-les de
la garniture choisie.*

Quelques conseils pour réussir ces beignets

- Lorsque vous ajoutez les œufs, la pâte doit être bien desséchée. Ne remettez plus alors la casserole sur le feu.
- Veillez à la propreté de l'huile de friture, et à sa température (modérée en début de cuisson, chaude à la fin).

6

La macédoine de fruits au miel

Préparation :
30 minutes.

La fraîcheur est la principale qualité de ce dessert aux fruits. Ne coupez donc pas le melon et les pêches trop longtemps à l'avance, pour éviter l'oxydation. Par contre les autres fruits peuvent être nettoyés 1 ou 2 heures avant la préparation de la macédoine.

1.
Ingrédients (pour 6-8 personnes) : 1 melon, 500 g de fraises, 500 g de pêches, 250 g de groseilles, 250 g de cassis, 100 g de raisins secs, 1 tasse de miel liquide, quelques feuilles de menthe fraîche.

2.
Coupez la chair du melon en dés. Mettez-les dans le fond d'un saladier ou d'une jatte en verre. Ajoutez les fraises nettoyées et coupées en quatre.

▶

3

3.
Pelez et dénoyautez les pêches, coupez-les en quartiers, joignez-les aux fraises.

Pour peler plus facilement les pêches, plongez-les quelques secondes dans l'eau bouillante.

4

4.
Ajoutez ensuite les cassis et les groseilles lavés et égrenés. Puis les raisins secs (que vous pouvez faire gonfler au préalable dans de l'eau tiède).

5.
Décorez de feuilles de menthe et coulez le miel sur les fruits.

Remarques :

- Vous pouvez bien sûr selon votre inspiration apporter quelques variantes à cette recette : remplacer un fruit par un autre (les fraises par des framboises, les pêches par des abricots, etc.), selon vos goûts et vos réserves.
- Choisissez un miel au parfum subtil (acacia) pour aromatiser les fruits.

La compote de pêches à la menthe

Préparation et cuisson : 45 minutes.

Réfrigération : 2 à 3 heures.

Matériel : un mixer ou un presse-purée et un chinois.

A consommer de préférence le jour même.

La menthe est à la mode dans les desserts, qu'elle parfume agréablement. C'est la menthe poivrée, au goût fort et sauvage, qui convient le mieux à cet usage.

1.
Ingrédients (pour 4-6 personnes) : 2 kg de pêches jaunes et bien mûres, 1 gousse de vanille, 200 g de sucre en poudre, 1/2 l de vin blanc assez corsé, 1 verre à liqueur de vin de pêches (facultatif), 1/4 l d'eau, une branche de menthe verte.

1

2.
Épluchez les pêches. Pour le faire plus facilement, plongez-les pendant quelques instants dans de l'eau chaude. Coupez les fruits en deux, retirez les noyaux. Réservez 4 ou 6 demi-pêches et coupez les autres en lamelles. Mettez-les dans une casserole avec la vanille et quelques feuilles de menthe. Saupoudrez de sucre.

▶

3 

4 

5 

6 

3.
Mouillez de vin blanc et éventuellement de vin de pêches (vous le trouverez dans les épiceries fines). Si vous n'avez pas de vin de pêches, utilisez un vin blanc doux (bordeaux, anjou).

4.
Ajoutez ensuite l'eau. Mettez la casserole sur feu doux, portez à ébullition et laissez cuire doucement pendant 15 mn à couvert. Les pêches doivent être bien tendres pour être écrasées facilement en purée.

5.
Égouttez alors les pêches cuites et écrasez-les en purée fine. (Utilisez un mixer ou un presse-purée.) Ajoutez quelques feuilles de menthe hachées. Dans le sirop restant, faites pocher les demi-pêches réservées (10 mn environ selon leur degré de maturité), elles ne doivent pas se défaire. Égouttez-les.

6.
Versez la compote dans une coupe de service. Garnissez avec les demi-pêches pochées et décorez de feuilles de menthe. Mettez au réfrigérateur. Vous pouvez aussi servir dans des coupes individuelles avec une demi-pêche par coupe.

Servez ce dessert léger bien frais avec des biscuits secs à volonté.

ASSEZ FACILE

Le gratin de fruits

Préparation :
10 minutes pour garnir les plats + 15 minutes pour le sabayon.

Cuisson : 2 à 3 minutes pour gratiner.

Matériel : un fouet à sauce et des petits plats individuels allant au four et à table.

Les fruits peuvent être préparés à l'avance, mais le sabayon doit être fait à la dernière minute.

Ce dessert très simple remporte toujours beaucoup de succès. Des fruits de saison sont nappés de crème et le tout est rapidement gratiné.

1.
Ingrédients (pour 3-4 personnes) : 200 g de groseilles, 150 g de framboises, 200 g de fraises, 1 ou 2 pêches. **Sabayon :** 4 œufs, 100 g de sucre en poudre, 1,5 dl de pineau des Charentes ou de champagne ou de sauternes. Amandes effilées, sucre glace à volonté.

1

2.
Nettoyez tous les fruits : égrenez les groseilles, lavez et équeutez les fraises, coupez-les en deux si elles sont grosses. Gardez les framboises entières. Pelez et coupez les pêches en tranches. Répartissez les fruits rouges dans des petits plats allant au four et à la table.

▶

3

4

5

6

3.
Terminez en disposant harmonieusement les quartiers de pêches (ceci peut être fait à l'avance). Peu avant de servir, faites le sabayon (voir recette plus détaillée p. 8). Fouettez énergiquement les jaunes d'œufs et le sucre sur feu très doux en ajoutant progressivement le vin.

4.
Continuez à fouetter jusqu'à ce que la crème forme ruban et double de volume, versez-la sur les fruits, ils doivent être presque entièrement recouverts. Allumez le gril du four et placez la grille à mi-hauteur.

5.
Parsemez à volonté d'amandes effilées, placez les plats sur la grille et passez vivement sous le gril du four. Il suffit de quelques minutes pour que la crème prenne une couleur dorée. Ne quittez pas les gratins des yeux et retirez-les à la seconde où ils sont à point.

6.
Servez sans attendre en saupoudrant à volonté de sucre glace.

Vous pouvez faire ces gratins tout au long de l'année avec tous les fruits de saison, y mettre des cassis, des mûres, des lamelles de poires, d'abricots ou de mangues, des rondelles de bananes ou de kiwis.

TRÈS FACILE

Les pommes bonne femme

Préparation : 15 minutes.

Cuisson : 35 minutes à four chaud (200° C).

Matériel : un vide-pomme et un plat allant au four et à table.

A faire et à consommer le jour même.

C'est un entremets familial toujours apprécié ; on peut l'« habiller » avec une boule de glace à la vanille ou de la crème fraîche bien froide.

1.
Ingrédients (pour 4 personnes) : 4 belles pommes bien saines (reinettes - Boskoop), 40 g de beurre, 4 c à soupe rases de gelée de groseille, 4 c à soupe d'eau, 4 c à soupe de sucre.

2.
Lavez soigneusement les pommes et essuyez-les. Beurrez un plat allant au four et à la table avec la moitié du beurre.
Creusez une petite calotte au-dessus de chaque pomme avec un couteau bien aiguisé (côté opposé au pédoncule). Pour éviter que les pommes n'éclatent à la cuisson, faites une légère incision circulaire avec un couteau autour de chaque pomme (au milieu) ou piquez la peau par endroits, avec les dents d'une fourchette. A l'aide d'un vide-pomme, retirez cœur et pépins. Attention, ne traversez pas entièrement la pomme pour que le beurre, la gelée et le sucre que vous mettrez à l'intérieur y restent pendant la cuisson.

1

▶

3

3.

Mettez une noisette de beurre dans le creux de chaque pomme.

4

4.

Ajoutez une cuillerée de gelée et mettez 4 c à soupe d'eau au fond du plat.

5

5.

Saupoudrez de sucre puis remettez une petite noisette de beurre sur chaque pomme. Enfournez à four préchauffé et laissez cuire 35 mn environ, en arrosant de temps en temps avec le jus de cuisson. Servez aussitôt dans le plat de cuisson.

Variantes : *Vous pouvez ajouter dans les pommes 1 c à café d'amandes ou de cannelle en poudre ou 1 c à café de raisins gonflés dans du rhum.*

ASSEZ FACILE

La charlotte aux pommes

A préparer la veille.

Préparation : 45 minutes.

Réfrigération : une nuit minimum.

Matériel : du papier sulfurisé et un moule à charlotte de 20 cm de diamètre.

C'est la reine Charlotte d'Angleterre, femme de Georges III, qui aurait donné son nom à ces entremets en forme de chapeau cylindrique. Aux pommes, c'est probablement la plus ancienne. Les biscuits à la cuillère peuvent être remplacés par des tranches de pain de mie beurrées.

1.
Ingrédients (pour 6-8 personnes) : 6 à 8 pommes, 50 g de beurre, 3 c à soupe de sucre, 1 gousse de vanille, 4 c à soupe de confiture d'abricots, 2 c à soupe d'amandes moulues, 200 g de biscuits à la cuillère. **Sirop :** 1 dl 1/2 de rhum, 1 dl 1/2 d'eau, 150 g de sucre.

1

2.
Faites chauffer le beurre, jetez-y les pommes pelées, épépinées et coupées en tranches. Saupoudrez de sucre, joignez la gousse de vanille. Faites cuire en remuant constamment, en compote épaisse. Retirez la vanille et joignez la confiture d'abricots et la poudre d'amandes.

▶

3

3.
Taillez en biseau les biscuits qui doivent recouvrir le fond du moule. Raccourcissez les autres à la hauteur du moule. Gardez les « débris ». Préparez le sirop en faisant bouillir et réduire le rhum, l'eau et le sucre. Tapissez le fond du moule de papier sulfurisé. Trempez rapidement les biscuits un à un dans le sirop et disposez-les sur le fond, et contre les parois, côté bombé vers l'extérieur. Comblez les interstices avec les morceaux coupés.

4

4.
Remplissez le moule avec la compote de pommes et recouvrez des « débris » de biscuits imbibés de sirop.

5

5.
Posez une assiette sur le tout et posez un poids de 1 kg par-dessus pour bien tasser la charlotte. Mettez au réfrigérateur jusqu'au lendemain.

6

6.
Démoulez et décorez à volonté d'amandes effilées. Servez la charlotte telle quelle ou avec une crème anglaise (p. 15) ou Chantilly.

Variante : *Vous pouvez remplacer le parfum de vanille dans la compote par de la cannelle (1 c à café de cannelle en poudre).*

ASSEZ FACILE

Le diplomate

Préparation : 1 heure.

Réfrigération : 24 heures.

Matériel : du papier sulfurisé et un moule à charlotte (20 cm de diamètre dessus, 14 cm au fond).

C'est une charlotte à la confiture créée au congrès de Paris, en 1856, par le cuisinier de M. de Marcellus, diplomate de son état ; d'où le nom de ce délicieux entremets.

1.
Ingrédients (pour 6 personnes) : 150 g de raisins de Smyrne et de Corinthe, 100 g de fruits confits hachés, 1 dl de kirsch, 1 dl d'eau, 1 c à soupe de sucre, 35 biscuits à la cuillère, 1 pot de 250 g de marmelade d'abricots. **Pour décorer :** fruits confits, raisins, marmelade d'abricots à volonté.

1

2.
Faites tremper les raisins et les fruits confits dans la moitié du kirsch pendant 30 mn. Pendant ce temps, préparez un sirop léger avec l'eau et le sucre, ajoutez le reste de kirsch et laissez refroidir. Après macération, ajoutez également le kirsch où ont trempé les fruits. Tapissez le fond du moule de papier sulfurisé, coupez en biseau les biscuits qui tapisseront le fond du moule, trempez-les rapidement dans le sirop et déposez-les dans le moule en formant une rosace et sans laisser d'espace libre entre les biscuits.

▶

3

3.
Coupez à la hauteur du moule les biscuits destinés à recouvrir les parois ; trempez-les dans le sirop et disposez-les légèrement chevauchés et côté bombé vers l'extérieur.

4

4.
Versez une couche de marmelade d'abricots pour recouvrir les biscuits du fond. Ajoutez une couche de raisins et de fruits confits macérés. Recouvrez d'une couche de biscuits et ainsi de suite en alternant jusqu'à ce que le moule soit rempli.

5

5.
Terminez par une couche de biscuits. Recouvrez le diplomate d'une assiette et d'un poids et mettez au réfrigérateur pendant 24 h.

6

6.
Démoulez le diplomate sur le plat de service. A volonté nappez-le d'une couche de confiture d'abricots légèrement fondue et décorez de fruits confits. Vous pouvez accompagner ce dessert d'une crème anglaise (voir recette p. 15).

TRÈS FACILE

Le puits aux fraises

Préparation : 25 minutes.

Matériel : un couteau-scie, une seringue à pâtisserie ou une poche à douille.

A consommer le jour même.

Ce gâteau ultra simple peut être fait par des enfants à partir d'une génoise achetée toute faite. Pour utiliser la mie retirée dans un pudding, voyez p. 42.

1.
Ingrédients (pour 4-6 personnes) : 1 génoise ou biscuit de Savoie acheté tout fait, un bol de fromage blanc frais, 150 g de sucre en poudre, 200 g de crème fraîche, un sachet de sucre vanillé, 300 g de belles fraises.

1

2.
Mélangez le fromage et le sucre. Fouettez la crème fraîche avec le sucre vanillé, ajoutez la moitié de cette Chantilly au fromage blanc sucré.

▶

3

3.
Placez une assiette plus petite que le gâteau à la surface de celui-ci et tracez un cercle tout autour en suivant le contour de l'assiette.

4

4.
Évidez le centre (la mie retirée peut servir à la préparation d'un pudding). Remplissez le creux ainsi formé avec le fromage blanc à la crème.

5

5.
Nettoyez les fraises, lavez-les rapidement sous l'eau courante, équeutez-les, séchez-les soigneusement, puis répartissez-les sur la crème.

6

6.
Mettez le reste de la crème Chantilly dans la seringue à pâtisserie et décorez le gâteau de crème.

DIFFICILE

Le Paris-Brest

Préparation : 1 heure.

Cuisson : 45 minutes à four moyen (180° C).

Matériel : une poche à douille et du papier sulfurisé.

A faire et à déguster le jour même.

1.
Ingrédients (pour 6-8 personnes) : 700 g de pâte à choux (voir encadré en fin de recette), une poignée d'amandes effilées. **Crème :** 1/2 l de lait, 1/2 gousse de vanille, 6 jaunes d'œufs + 3 blancs, 75 g de sucre, 1 c à soupe de cacao ou de pralin, 25 g de Maïzena, 100 g de crème fraîche. Sucre glace à volonté.

1

2.
Recouvrez la plaque du four d'une feuille de papier sulfurisé beurré. Tracez un cercle de 20 cm de diamètre avec le doigt. Couchez un anneau de pâte en suivant le cercle tracé avec une poche à douille.

▶

3

3.

Couchez un deuxième anneau de pâte à l'intérieur du premier. Pour manier facilement la poche à douille, vous devez la choisir assez grande et la munir d'une douille lisse (16 mm de diamètre).

4

4.

Déposez un troisième anneau de pâte à cheval sur les deux premiers. Saupoudrez d'amandes. Enfournez à four moyen préchauffé (180° C) en plaçant le gâteau dans le bas du four, faites cuire 45 mn.

5

5.

Retirez la couronne du four, elle doit être bien sèche et légère. D'autre part, faites bouillir le lait avec la vanille et travaillez les jaunes d'œufs avec le sucre. Délayez la Maïzena dans 3 c à soupe de lait.

6

6.
Versez le lait sur les œufs, ajoutez la Maïzena délayée et faites épaissir le tout sur feu doux, sans cesser de remuer. Retirez au premier bouillon. Parfumez avec le cacao ou le pralin. Laissez refroidir.

7

7.
Fouettez la crème fraîche en Chantilly et les 3 blancs d'œufs en neige. Joignez-la à la crème pâtissière. Découpez le sommet de la couronne en pâte à choux (refroidie).

8

8.
Mettez la crème préparée dans une poche à douille à embout cannelé et garnissez la couronne en formant des spirales.

▶

9

9.

Posez le sommet de la couronne sur la crème et saupoudrez à volonté de sucre glace.

Les proportions de la pâte à choux : 1/4 l d'eau, 125 g de beurre, 1/2 c à café de sel, 1 c à soupe de sucre, 150 g de farine, 4 ou 5 œufs (selon leur grosseur).
La façon de la faire : Faites chauffer lentement l'eau, le beurre, le sel et le sucre. A l'ébullition, jetez d'un seul coup toute la farine et remuez vigoureusement pour dessécher la pâte sur feu doux. Quand la pâte se détache des parois de la casserole, retirez du feu et incorporez le premier œuf, puis ajoutez le deuxième et ainsi de suite. La pâte doit être souple mais ferme. Vous n'ajouterez le dernier œuf (ou la moitié de celui-ci) que si vous la jugez trop sèche.
Pour une bonne cuisson : Évitez une trop forte chaleur, maintenez la porte du four entrouverte par une cuillère pendant les cinq premières minutes. Évitez de l'ouvrir pendant la première moitié de la cuisson.
Des variantes pour fourrer le gâteau : Vous pouvez remplacer la crème de la recette par une crème au beurre pralinée (recette p. 13) ou simplement par de la crème Chantilly.

Le succès praliné

C'est un gâteau constitué de deux socles de meringues garnis de crème au beurre. Nous avons choisi ici une crème pralinée, mais elle peut être aussi parfumée au café, au chocolat. Les socles de meringues peuvent être faits à l'avance, le jour où vous devez utiliser des blancs d'œufs, par exemple, car, une fois cuits, ils se conservent parfaitement (une quinzaine de jours) enveloppés de papier d'aluminium, ou dans une boîte hermétique en métal.

Préparation : 20 minutes pour la meringue + 20 minutes pour la crème.

Cuisson : 1 heure + 15 minutes pour le dressage.

Matériel : un fouet à main ou un batteur électrique, une poche à douille et du papier d'aluminium.

1.
Ingrédients (pour 6-8 personnes) : **Meringue :** 100 g d'amandes en poudre, 100 g de sucre glace (impalpable), 125 g de sucre semoule, 5 blancs d'œufs. **Crème :** 3 jaunes d'œufs, 150 g de sucre semoule, 250 g de beurre, 5 c à soupe de pralin réduit en poudre fine et délayé dans 1 c à soupe d'eau. **Décoration :** sucre glace à volonté et amandes effilées grillées.

1

2.
Préparez la meringue : dans une terrine, versez les amandes en poudre, le sucre glace et le sucre semoule. Mélangez bien le tout. Séparez les blancs d'œufs des jaunes (trois d'entre eux pourront être utilisés pour faire la crème au beurre). Veillez à ce que les blancs soient dépourvus de trace de jaune.

▶

3

3.
Ajoutez une pincée de sel et fouettez-les en neige ferme. Vous pouvez, pour gagner du temps, utiliser un batteur électrique.

4

4.
Mélangez délicatement les deux préparations en soulevant la masse de bas en haut pour ne pas « casser » les blancs.

5

5.
Sur la plaque du four, déposez une feuille de papier d'aluminium beurré et fariné. Mettez la meringue dans une poche à douille et déposez-la en commençant par le centre du cercle.

6

6.
Formez une spirale à partir du centre, de façon à recouvrir entièrement le papier. Faites une deuxième spirale semblable à la première et faites-les cuire pendant 1 h à feu doux.

7

7.
Préparez la crème au beurre : mettez les jaunes d'œufs et le sucre dans une casserole placée dans un bain-marie chaud. Travaillez ce mélange pour faire dissoudre le sucre.

8

8.
Laissez refroidir, puis incorporez le beurre ramolli parcelle par parcelle. (Pensez à sortir assez tôt le beurre du réfrigérateur pour pouvoir le travailler en pommade.)

9

9.
Joignez ensuite le pralin et mélangez bien. Vous pouvez le remplacer par 1 c à soupe d'extrait de café ou 2 c à soupe de cacao non sucré.

10

10.
Les socles de meringues étant cuits et refroidis, tartinez le premier avec une couche de crème pralinée en lissant bien à la spatule.

▶

11

11.

Posez le deuxième socle par-dessus.

12

12.

Recouvrez-le entièrement de crème.

13

13.

Décorez les bords d'amandes effilées grillées.

14

14.

Saupoudrez le gâteau de sucre glace et tracez des croisillons à volonté.

FACILE

Le gâteau glacé au chocolat

Préparation : 30 minutes.

Cuisson : 40 minutes à four chaud (200° C).

Glaçage et décoration : 20 minutes.

Matériel : un fouet électrique, une cuillère en bois, une grille à pâtisserie, une spatule et un moule à manqué de 23 cm de diamètre.

C'est un gâteau léger qu'on peut couper en deux et fourrer de crème Chantilly ou de compote d'abricots, avant de le recouvrir du glaçage royal.

1.
Ingrédients (pour 6 personnes) : 1 c à soupe de beurre, 1 c à soupe de sucre pour le moule. **Pâte :** 6 œufs, 250 g de sucre, 1 sachet de sucre vanillé, 250 g de chocolat fondant coupé en petits morceaux, 2 c à soupe de lait, 200 g de beurre à la température de la pièce, 3 c à soupe de Maïzena mélangée à 100 g de poudre d'amandes et 1/2 c à café de levure en poudre. **Pour le glaçage :** 150 g de sucre glace (impalpable), 1 citron. **Pour garnir :** fruits confits à volonté (cerises et bâtons d'angélique).

▶

2

2.

Beurrez le moule et saupoudrez-le de sucre. (Si vous n'avez pas de moule à revêtement anti-adhésif, tapissez le moule d'une feuille de papier d'aluminium que vous beurrez ensuite, ceci pour faciliter le démoulage.) Allumez le four à 200° C. Séparez les blancs d'œufs des jaunes. Mettez les jaunes dans une terrine assez profonde. Mettez les blancs dans une autre, pour les battre en neige. Réservez 1 blanc à part pour le glaçage.

3

3.

Fouettez les jaunes d'œufs avec le sucre, jusqu'à ce que le mélange forme un ruban. Utilisez, pour aller plus vite, le batteur électrique à gros crochets.

4

4.

Faites fondre le chocolat avec le lait, dans une casserole que vous placerez dans un bain-marie chaud (mais non bouillant, car le chocolat ne doit pas cuire). Remuez le chocolat jusqu'à ce qu'il forme une pâte lisse. Ajoutez-le au mélange jaunes d'œufs-sucre. Travaillez bien à la cuillère en bois pour qu'il se répartisse uniformément.

5

5.

Ajoutez à la préparation le mélange Maïzena-amandes-levure. Travaillez bien de nouveau.

6

6.
Joignez alors, par petites parcelles, le beurre ramolli. Mélangez jusqu'à ce que tout le beurre soit incorporé à la pâte.

7

7.
Battez les blancs en neige ferme, avec le batteur électrique (fouets ronds). Pour faciliter l'opération, ajoutez un petit filet de jus de citron aux blancs d'œufs, ils « monteront » plus aisément.

8

8.
Ajoutez le quart des blancs d'œufs à la pâte au chocolat en remuant vigoureusement, la pâte sera ainsi allégée. Ajoutez le reste des blancs en neige très délicatement, en soulevant la pâte et en la faisant retomber avec précaution sur les blancs. Ceci pour ne pas « casser » les blancs et pour que la pâte reste légère. Continuez à soulever ainsi la masse de la pâte jusqu'à ce que toute trace de blanc ait disparu.

9

9.
Versez la pâte dans le moule et faites cuire à four chaud 40 mn. Le centre du gâteau doit rester moelleux. Vérifiez cependant la cuisson avec une aiguille à tricoter que vous planterez au milieu et qui doit ressortir sèche. Éventuellement, prolongez la cuisson.

10

10.
Démoulez le gâteau que vous laisserez refroidir sur une grille à pâtisserie. Préparez le glaçage : travaillez le blanc d'œuf restant en ajoutant le sucre glace peu à peu, jusqu'à ce que la préparation soit fluide sans être liquide. Joignez le jus d'un 1/2 citron.

11

11.
Nappez le gâteau refroidi de cette préparation, en lissant rapidement à la spatule.

12

12.
Décorez de fruits confits.

FACILE

Le gâteau marbré

Préparation : 25 minutes.

Cuisson : 1 heure environ à four moyen (180° C).

Matériel : une balance et un moule à cake de 30 cm de long et 8 cm de profondeur.

Peut être fait à l'avance et conservé plusieurs jours dans du papier d'aluminium. Peut être congelé.

1.
Ingrédients (pour 8-10 personnes) : 6 œufs, leur poids en beurre, farine et sucre, 1 paquet de sucre vanillé, 1 c à café de levure en poudre, 100 g de chocolat fondant, 1 c à soupe de lait, 1 citron, beurre pour le moule.

Pesez les œufs puis mesurez les autres ingrédients.

1

2.
Séparez les blancs d'œufs des jaunes et travaillez ceux-ci longuement avec le sucre jusqu'à ce que le mélange devienne blanchâtre et mousseux. En même temps, faites fondre le beurre sur le feu (il doit être à peine fondu). Ajoutez ce beurre au mélange sucre-jaunes d'œufs, puis joignez la farine, le sucre vanillé et la levure. Mélangez bien tous ces ingrédients pour obtenir une pâte homogène.

▶

3

3.

Battez les blancs d'œufs en neige très ferme avec une pincée de sel. Ajoutez le quart de ces blancs à la pâte, sans précaution, en remuant vigoureusement. Cela pour alléger la pâte. Incorporez alors le reste des blancs, très délicatement, en soulevant la pâte de bas en haut pour ne pas la faire retomber.

4

4.

Divisez la pâte en deux parties égales. Lavez soigneusement le citron et râpez finement le zeste. Ajoutez celui-ci à une moitié de la pâte. Faites fondre le chocolat doucement au bain-marie avec le lait et ajoutez-le à l'autre moitié.

5

5.

Beurrez largement un moule à cake de 30 cm de long et de 8 cm de profondeur et remplissez-le de pâte aux 2/3 seulement, car la pâte gonfle en cuisant, en mettant alternativement une cuillerée de pâte au citron puis une cuillerée de pâte au chocolat jusqu'à épuisement des pâtes.

6

6.

Faites cuire pendant 1 heure environ à four moyen. Démoulez et laissez refroidir sur grille. Lorsque vous découpez le gâteau, la pâte apparaît « marbrée ».

FACILE

La tarte meringuée au citron

Préparation : 40 minutes.

Repos de la pâte : 1 heure.

Cuisson : 20 minutes + 6 à 7 minutes.

Matériel : un rouleau à pâtisserie, du papier d'aluminium ou du papier sulfurisé, un presse-fruits et un moule à tarte de 23 cm de diamètre.

1.
Ingrédients (pour 6-8 personnes) : **Pâte :** 250 g de farine, 125 g de beurre, 4 c à soupe d'eau environ, une pincée de sel. **Crème :** 2 c à soupe de farine, 1 c à soupe de Maïzena, 1,5 dl d'eau, 150 g de sucre, 4 jaunes d'œufs, 2 citrons non traités, 2 c à soupe de beurre. **Meringue :** 4 blancs d'œufs, 200 g de sucre glace, 2 c à soupe de jus de citron.

1

2.
Versez la farine tamisée sur la planche à pâtisserie, incorporez rapidement le beurre ramolli divisé en parcelles en pétrissant du bout des doigts. Roulez la pâte en boule et laissez reposer 1 h au frais.

▶

3

3.
Étalez-la ensuite au rouleau et foncez-en un moule à tarte beurré.

4

4.
Piquez le fond à la fourchette, recouvrez-le d'une feuille de papier d'aluminium ou de papier sulfurisé puis de haricots secs ou de riz. Faites cuire 20 mn à four chaud.

5

5.
Pendant ce temps, préparez la crème : délayez la farine et la Maïzena avec l'eau, ajoutez le sucre et mélangez le tout en plaçant la casserole au bain-marie ou sur feu très doux, en tournant sans arrêt jusqu'à épaississement.

6

6.
Ajoutez les jaunes d'œufs. Joignez l'écorce râpée des citrons, 3 c à soupe du jus des citrons et le beurre en parcelles. Laissez refroidir.

7

7.
Versez la crème sur le fond de tarte.

8

8.
Battez les blancs d'œufs en neige ferme avec le sucre glace et le jus de citron.

▶

9

9.
Déposez cette meringue sur le fond de tarte déjà garni de crème.

10

10.
Lissez à la spatule.

11

11.
Faites rapidement dorer au four (6-7 mn). Servez tiède ou froid.

FACILE

Les tuiles aux amandes

Préparation : 15 minutes.

Cuisson : 5 minutes à four chaud (200° C) par fournée.

Matériel : un fouet, un rouleau à pâtisserie (ou une bouteille, pour mouler les biscuits en forme de tuiles) et une spatule.

Peuvent être conservées 5 à 6 jours dans une boîte hermétique.

1.
Ingrédients (pour une trentaine de tuiles) : 2 blancs d'œufs + 1 jaune, 100 g de sucre, 1 sachet de sucre vanillé, 50 g de farine, 50 g de beurre, 40 g d'amandes effilées.

1

2.
Versez le sucre et le sucre vanillé dans les blancs d'œufs, battez le tout au fouet à main pendant 3 mn environ.

▶

3 

3.
Ajoutez la farine tout en continuant à fouetter. D'autre part, faites fondre le beurre sur feu doux. Joignez-le à la préparation.

4 

4.
Ajoutez ensuite le jaune d'œuf et mélangez bien, puis les amandes effilées. La pâte doit être assez fluide.

5 

5.
Beurrez et farinez la plaque à pâtisserie. A l'aide d'une cuillère à café, déposez des petits tas de pâte bien espacés, car la pâte va s'étaler.

6 

6.
Faites-les cuire 5 mn à four chaud préchauffé (200° C). Surveillez constamment la cuisson, elle est très rapide : dès que les bords des biscuits commencent à blondir, il faut décoller les biscuits. Moulez-les aussitôt sur un rouleau à pâtisserie ou sur une bouteille. Opérez très rapidement car plus ils refroidissent moins ils sont malléables. Laissez-les ensuite durcir complètement sur une grille puis enfermez-les dans une boîte hermétique. Servez-les avec une mousse, une crème ou une glace.

FACILE

Les sablés à la confiture

Préparation : 40 minutes.

Repos de la pâte : 30 minutes.

Cuisson : 10 minutes à four moyen (180° C).

Matériel : un batteur électrique à gros crochets, un rouleau à pâtisserie, deux emporte-pièce de même forme, l'un plus petit que l'autre (ou des verres) et une spatule.

Ils sont très bons tièdes, mais peuvent également être conservés une huitaine de jours dans une boîte hermétique.

Ce sont des petits biscuits faits d'un disque et d'un anneau de pâte sablée superposés. Le disque est tartiné de confiture au choix (framboises, groseilles, abricots). Leur cuisson est rapide, aussi surveillez-la constamment, la pâte doit rester blonde. Vous pouvez leur donner des formes différentes si vous avez des emporte-pièce variés.

1.
Ingrédients (pour une vingtaine de biscuits de 8 cm de diamètre environ) : 125 g de sucre en poudre, une pincée de sel, 1 gros œuf, 250 g de farine, 125 g de beurre, 200 g de confiture au choix.
Parfum au choix facultatif : quelques gouttes de rhum, une pincée de vanille en poudre, le zeste de 1 citron râpé.

2.
Mettez le sucre et le sel dans une terrine. Ajoutez l'œuf entier et éventuellement le parfum choisi. Travaillez le tout en mélange mousseux. Vous pouvez utiliser un batteur électrique à gros crochets.

1

►

3

3.
Versez d'un seul coup toute la farine sur ce mélange et travaillez le tout d'abord à la cuillère en bois, puis avec les mains en effritant la pâte pour former un « sable » grossier.

4

4.
Versez ce sable sur la planche à pâtisserie et faites une fontaine. Au milieu, mettez le beurre ramolli à la consistance de pommade que vous diviserez en parcelles.

5

5.
Incorporez le beurre à la pâte en pétrissant avec les mains jusqu'à ce qu'elle ne colle plus. Le travail est assez rapide ; roulez la pâte en boule et laissez reposer 1/2 h au frais.

6

6.
Étalez-la au rouleau sur la planche farinée et découpez des disques avec l'emporte-pièce le plus grand en essayant d'avoir le moins de perte de pâte possible. Évidez la moitié de ces disques en découpant un disque plus petit avec le deuxième emporte-pièce pour former des anneaux. Les parties retirées peuvent être cuites avec le reste.

7

7.
Beurrez une plaque allant au four et déposez les disques les plus grands. Mettez une cuillerée de confiture au milieu de chacun d'eux. Laissez un espace libre tout autour.

8

8.
Posez les anneaux par-dessus et enfournez à four moyen préchauffé (180° C). Laissez cuire une dizaine de minutes en surveillant la cuisson. Détachez délicatement les biscuits à la spatule.

FACILE

La crème glacée à la vanille

A faire à l'avance.

Préparation : 10 minutes. Ajoutez 20 minutes pour faire la crème anglaise + 1 heure pour qu'elle refroidisse.

Réfrigération : 1 à 2 heures selon le type d'appareil.

Matériel : un batteur électrique et de préférence une sorbetière.

Peut être conservée 15 jours à 3 semaines au congélateur.

C'est tout simplement une crème anglaise que l'on fait glacer. On y ajoute de la crème fraîche pour en améliorer le goût ou la consistance.

1.
Ingrédients (pour 4-6 personnes) : 1 l de crème anglaise refroidie – voir p. 15 – (3/4 l de lait, 1 gousse de vanille, 6 jaunes d'œufs, 150 g de sucre), les 6 blancs d'œufs non utilisés dans la crème anglaise, 100 g de crème fraîche.

1

2

2.
Battez les blancs d'œufs en neige ferme avec une pincée de sel.

***Remarque** : L'addition de blancs d'œufs en neige rend la glace plus légère, mais elle n'est pas obligatoire. On peut se contenter simplement de mélanger crème anglaise et crème fraîche.*

3

3.
Ajoutez la crème fraîche à la crème anglaise (ces deux crèmes doivent être bien froides pour que la glace prenne plus facilement, elles doivent donc sortir du réfrigérateur). Incorporez ensuite les blancs en neige en procédant délicatement et en soulevant la masse de bas en haut.

▶

4

5

4.
Versez dans un moule bien froid ou dans la sorbetière et glissez-le dans le freezer.

5.
Si vous n'avez pas de sorbetière, remuez la préparation toutes les demi-heures ou mieux, passez la préparation au mixer toutes les heures pour éviter la formation de cristaux de glace trop importants. Au bout de 1 à 2 h, la glace est prise. Retirez éventuellement l'agitateur de la sorbetière si cela ne se fait pas automatiquement.

Variantes *(en supprimant la gousse de vanille) :*
- ***Crème glacée pralinée :*** *Ajoutez 150 g de pralin (vendu tout préparé) à la crème anglaise refroidie.*
- ***Glace plombières :*** *Ajoutez 150 g de fruits confits hachés et macérés dans un petit verre de kirsch à la crème anglaise.*

Quelques conseils pour réussir les glaces

- Avant de faire une glace, pensez, si c'est nécessaire, à dégivrer le compartiment du réfrigérateur dans lequel vous placez la sorbetière. Faites-le assez tôt pour qu'il soit à nouveau bien froid au moment voulu. Un givre important ralentit la prise de la glace.
- Versez quelques cuillerées d'eau sous la sorbetière au moment où vous la placez. Le froid pénétrera mieux la masse à glacer.
- La préparation à glacer doit être parfaitement refroidie au moment où vous branchez la sorbetière. On peut accélérer le refroidissement en plaçant le récipient qui la contient dans un récipient rempli de glaçons.
- Quand les pales de la sorbetière s'arrêtent et sont retirées, laissez la glace terminer sa congélation pendant 1 heure ou 2 encore.
- Pensez à sortir la glace du conservateur assez tôt pour qu'elle soit mangeable. Placez-la au réfrigérateur 30 minutes environ avant de servir.
- Ne remettez pas à congeler une glace qui a fondu, elle ne se conserve pas.

FACILE

La glace au chocolat

A faire à l'avance.

Préparation : 20 minutes.

Refroidissement : ± 1 heure.

Réfrigération : 1 heure ou 2 (selon le type d'appareil, voyez p. 96 nos conseils pour réussir les glaces).

Matériel : un batteur électrique ou un fouet manuel, une sorbetière et un moule décoratif.

Ingrédients (pour 6 personnes) : 5 œufs, 1/2 l de lait, 150 g de sucre en poudre, 40 g de cacao en poudre.

1.
Cassez les œufs en séparant les blancs des jaunes.

1

2.
Ajoutez le sucre en poudre aux jaunes en le versant en pluie.

▶

3

3.
Fouettez énergiquement au fouet électrique ou manuel jusqu'à ce que le mélange devienne blanchâtre et mousseux.

4

4.
Dans une casserole, faites bouillir le lait et incorporez le cacao sans jamais cesser de remuer.

5

5.
Versez ce lait chocolaté bouillant sur le mélange œufs-sucre en battant vivement au fouet.

6 

6.
Passez cette préparation au chinois pour qu'elle soit bien lisse.

7 

7.
Versez-la dans une casserole et replacez-la sur feu très doux. Tournez doucement avec une spatule en bois. Évitez l'ébullition qui ferait tourner la crème.

8 

8.
Quand la crème nappe la spatule, retirez du feu et laissez refroidir complètement.

▶

9

9.
Versez la crème dans la sorbetière.

10

10.
Au bout d'1 ou 2 h, la glace est prise, les pales s'arrêtent (le temps dépend du type d'appareil et du degré de froid du freezer). Transvasez la glace dans un moule décoratif et laissez durcir au freezer encore 1 h ou 2.

11

11.
Pour servir, placez d'abord la glace dans son moule au réfrigérateur afin qu'elle ramollisse un peu (± 30 minutes), puis démoulez en plongeant le moule pendant quelques secondes dans l'eau chaude et en le retournant rapidement sur le plat de service.

FACILE

Le sorbet aux fraises

A faire à l'avance.

Préparation : 30 minutes + le temps de refroidissement du sirop.

Réfrigération : 1 à 2 heures (voyez p. 96 nos conseils pour réussir les glaces).

Matériel : un mixer, un pèse-sirop (facultatif) et une sorbetière.

Peut être conservée 15 jours au congélateur.

1.
Ingrédients (pour 4 personnes) : 1 kg de fraises, 1/4 l d'eau, 225 g de sucre, 1 citron, 2 blancs d'œufs.

1

2.
Nettoyez les fraises. Lavez-les rapidement et équeutez-les. Écrasez-les en purée fine au mixer plongeant (ou mieux, dans un bol-mixer).

▶

3

3.
Préparez un sirop avec le sucre et l'eau. Portez le tout à ébullition. Retirez du feu et laissez refroidir. Si vous avez un pèse-sirop, il doit marquer 28° Baumé (transvasez alors le sirop dans un bol haut pour pouvoir y plonger le pèse-sirop).

4

4.
Ajoutez le sirop de sucre à la purée de fraises, vous devez avoir à peu près le même volume de purée de fruits que de sirop. Puis incorporez le jus de citron. Fouettez les blancs d'œufs en neige ferme dans un récipient placé dans un bain-marie chaud.

5

5.
Ajoutez-les délicatement à la préparation aux fraises. Versez en sorbetière et placez au freezer du réfrigérateur branché au plus froid. Si vous n'avez pas de sorbetière, versez la préparation dans le bac du freezer et remuez-la toutes les demi-heures à la fourchette ou passez-la au mixer toutes les heures (2 fois) . Quand la glace est prise (au bout d'1 ou 2 h), laissez-la encore durcir 1 h au freezer.

6

6.
Présentez le sorbet dans des verres hauts bien froids. Vous le moulerez à l'aide d'une cuillère spéciale, ou de deux cuillères trempées au préalable dans de l'eau chaude.

Variantes : *Vous ferez de la même façon les sorbets aux framboises, aux cassis, aux groseilles. L'addition de blancs d'œufs est facultative.*

FACILE

Le sorbet pêches-champagne

A faire à l'avance.

Préparation : 30 minutes.

Réfrigération : 1 à 2 heures selon le type d'appareil + 1 heure pour le durcissement (voyez p. 96 nos conseils pour réussir les glaces).

Matériel : un fouet, une sorbetière et des verres hauts pour la présentation.

Peut être conservé 15 jours au congélateur.

Arrosé de champagne frais au moment de servir, ce simple sorbet devient un dessert « des grands jours ». Vous pouvez panacher celui-ci avec un sorbet aux fraises.

Ingrédients (pour 4 personnes) : 1 kg de pêches blanches, 1 gros citron, 300 g de sucre semoule, 2 dl d'eau, 1/2 bouteille de champagne.

1.
Pelez les pêches et coupez-les en quartiers.

2

2.
Passez-les au mixer, vous devez obtenir environ 3/4 l de purée de fruits.

3

3.
Pressez un citron et ajoutez aussitôt le jus à la pulpe broyée. Mélangez bien.

4

4.
Mélangez le sucre et l'eau dans une casserole. Faites chauffer jusqu'à l'ébullition. Laissez refroidir.

5

5.
Incorporez ce sirop à la pulpe de pêches en remuant avec un fouet. Versez en sorbetière.

▶

6

6.
Laissez durcir le sorbet 1 h encore après l'arrêt de la sorbetière. Pendant ce temps, faites rafraîchir le champagne et les flûtes de service. Pour servir, formez des boules de sorbet à l'aide d'une cuillère et mettez-en une ou deux dans des verres hauts préalablement refroidis.

7

7.
Arrosez le sorbet avec du champagne frais et servez aussitôt accompagné de tuiles (voir p. 89) ou de petits palmiers.

FACILE

Le café liégeois

Préparation : 30 minutes.

Réfrigération : 1 ou 2 h (voyez p. 96 nos conseils pour réussir les glaces).

Matériel : un batteur électrique et une sorbetière.

1.
Ingrédients (pour 4 personnes) : **Glace :** 150 g de sucre, 1 dl d'eau, 4 œufs, 4 c à soupe de café très fort, 200 g de crème fraîche. **Pour servir :** 2 tasses de café très fort et sucré, 50 g de crème fraîche, 1 c à entremets de sucre glace (impalpable). Grains de café du confiseur à volonté.

Pour parfumer la glace au café, on peut aussi utiliser du café soluble : 1 c à soupe de café soluble délayé dans quelques gouttes d'eau.

1

2.
Faites un sirop léger avec l'eau et le sucre en portant le tout à ébullition. Retirez du feu au premier bouillon.

▶

3

3.
Séparez les jaunes d'œufs des blancs. Réservez 2 blancs pour les fouetter en neige. Battez les jaunes au fouet électrique.
Incorporez peu à peu le sirop tiédi, en tournant à la cuillère en bois.

4

4.
Fouettez les jaunes d'œufs et le sirop en mélange blanchâtre et mousseux.

5

5.
Incorporez la crème fraîche battue en Chantilly.

6

6.
Joignez les 2 blancs d'œufs réservés et fouettés en neige.

7

7.
Parfumez de 4 c à soupe de café.

8

8.
Versez dans la sorbetière et faites prendre.

▶

9

9.

Au moment de servir, répartissez les 2 tasses de café sucré et glacé dans 4 verres hauts, bien froids.

10

10.

Joignez 2 boules de glace au café dans chaque verre. (Pensez à sortir la glace assez tôt du freezer pour qu'elle ne soit pas trop dure).

11

11.

Terminez par la crème fraîche battue en Chantilly avec le sucre glacé et décorez de grains de café en sucre.

FACILE

Les oranges givrées

Préparation : 25 minutes.

Réfrigération : 1 ou 2 h (voyez p. 96 nos conseils pour réussir les glaces).

Matériel : un moulin à légumes ou une centrifugeuse, un presse-fruits, une râpe et une sorbetière.

1.
Ingrédients (pour 4 personnes) : 5 oranges juteuses et sucrées dont quatre de forme bien ronde et régulière et une si possible non traitée, 1 citron, 200 g de sucre, 2 c à soupe de liqueur d'orange.

1

2.
Lavez les oranges. Coupez une calotte aux quatre oranges bien rondes ; creusez la chair à la petite cuillère sans abîmer les écorces. Recueillez le jus qui coule pendant cette opération et pressez la chair retirée pour extraire tout le jus (vous pouvez passer cette chair au moulin à légumes). Vous devez obtenir 1/2 l de jus environ (éventuellement, pressez des oranges supplémentaires, si vos fruits sont peu juteux). Mettez les écorces creusées au freezer.

▶

3

3.
Râpez la cinquième orange dont le zeste sera ajouté au jus.

4

4.
Pressez le jus du citron et versez-le également dans la préparation.

5

5.
Joignez le sucre. Mélangez bien pour faire dissoudre. Vous pouvez chauffer légèrement en remuant pour que le sucre soit bien fondu.

6

6.
Versez dans le bac de la sorbetière ou du freezer et faites prendre (il faut 2 à 3 h). Quand la glace est presque prise, ajoutez la liqueur.

7

7.
Remplissez les écorces vides de sorbet à l'orange.

8

8.
Replacez les chapeaux et remettez le tout au freezer. Vous retirerez les fruits du freezer un peu avant de servir pour que la glace ne soit pas trop dure.

FACILE

Les poires Belle Hélène

Préparation :
10 minutes + 5 minutes pour le dressage final.

Cuisson : 30 minutes pour les poires + 10 minutes pour la sauce au chocolat.

La glace doit être faite à l'avance (elle peut aussi être achetée toute faite). Les poires doivent également être pochées dans le sirop à l'avance. Seule la sauce est faite au moment de servir (elle peut aussi être versée à table sur les poires).

C'est une création du célèbre cuisinier Auguste Escoffier, dédiée à une Hélène inconnue. A l'origine, la glace était parsemée de violettes en sucre.

1.
Ingrédients (pour 4 personnes) : 4 poires Williams. **Sirop :** 1/2 l d'eau, 300 g de sucre, 1 sachet de sucre vanillé. **Sauce :** 100 g de chocolat fondant, 1 dl d'eau ou de lait, 40 g de beurre. 1/2 l de glace à la vanille (voir p. 96). Amandes effilées grillées à volonté.

1

2.
Pelez les poires en conservant les pédoncules, creusez l'autre extrémité pour retirer cœur et pépins. Mettez-les au fur et à mesure dans de l'eau citronnée.

2

3

3.

Préparez un sirop léger avec l'eau, le sucre et le sucre vanillé : portez à ébullition et laissez frémir pendant quelques minutes.

4

4.

Plongez-y les poires et laissez cuire très doucement pendant 30 mn. Laissez refroidir dans le sirop, puis égouttez-les et mettez-les au réfrigérateur.

5

5.

Au moment de servir, préparez la sauce en faisant fondre le chocolat sur feu très doux (ou mieux, au bain-marie chaud). Ajoutez l'eau ou le lait et le beurre ; remuez jusqu'à ce que vous obteniez une crème bien lisse.

▶

6

6.
Répartissez rapidement la glace dans des coupes bien froides (mises au réfrigérateur 1 h à l'avance).

7

7.
Posez une poire refroidie dans chaque coupe.

8

8.
Nappez de sauce au chocolat chaude, décorez rapidement d'amandes effilées et servez immédiatement.

Variante : *la sauce au chocolat peut être remplacée par une purée de framboises sucrée et parfumée au kirsch.*

TRÈS FACILE

L'ananas surprise

C'est un dessert de fête, une manière raffinée de présenter l'ananas, servi dans son écorce avec de la glace et des fruits de saison.

Préparation : 25 minutes + 1 h de macération + 10 minutes pour le dressage.

Matériel : un fouet et une poche à douille.

Tous les éléments peuvent être préparés à l'avance mais l'ananas doit être garni peu avant de servir.

1.
Ingrédients (pour 6-8 personnes) : 1 ananas, 2 c à soupe de sucre, un petit verre de kirsch, 1/2 l environ de sorbet aux fraises (voir p. 101), 1/2 l environ de glace au citron ou à la vanille (voir p. 94), 250 g de fraises, 250 g de groseilles rouges, 150 g de crème fraîche fouettée en Chantilly avec 1 c à soupe de sucre glace, 2 pêches.

2

2.

Évidez l'ananas sans abîmer l'écorce, après avoir coupé une calotte avec un couteau à lame inoxydable. Vous pouvez mettre l'écorce au freezer.

3

3.

Coupez la chair de l'ananas en dés en retirant la partie centrale qui est ligneuse.

4

4.

Mettez les dés de fruits dans un saladier et saupoudrez de sucre.

5

5.

Arrosez de kirsch, laissez macérer au frais pendant 1 h.

6

6.
Peu avant de servir, retirez l'écorce de l'ananas du freezer. Mettez une cuillerée de glace à la fraise dans le fond.

7

7.
Recouvrez de dés d'ananas puis de glace (fraise et citron).

8

9

8-9.
Continuez de remplir l'ananas alternativement de glace puis de fruits. Terminez par de la glace.

▶

10

10.
Vous aurez d'autre part lavé et équeuté les fraises, égrené et lavé les groseilles. Coupez les fraises en deux et trempez-les dans un sirop de sucre fait avec 1 dl d'eau et 125 g de sucre. Placez les demi-fraises tout autour de l'ananas.

11

11.
Placez ensuite, au milieu, quelques groseilles et le reste de dés d'ananas. Mettez la crème fouettée dans une poche à douille et décorez l'ananas de rosettes de crème.

12.
Terminez en plaçant quelques quartiers de pêches en rosace. Présentez l'ananas entouré des fruits restants. Le reste de crème Chantilly peut être servi à part.

Les pêches Melba

Préparation :
30 minutes +
10 minutes pour le coulis.

Matériel : un tamis de crin ou de nylon.

Il faut prévoir le temps de refroidissement des pêches, elles doivent donc être pochées bien à l'avance. Hors saison, utilisez des pêches en boîte.

Ce délicieux dessert fut créé à la fin du siècle dernier par Auguste Escoffier en l'honneur d'une cantatrice connue de l'époque, Nelly Melba.

1.
Ingrédients (pour 4 personnes) : 1/2 l de glace à la vanille (achetée toute faite ou voir p. 94), 4 pêches bien mûres. **Pour pocher les pêches :** 1/4 l d'eau, 125 g de sucre, 1/2 gousse de vanille. **Pour napper :** 150 g de framboises (fraîches ou surgelées), 2 c à soupe de sucre. **Pour décorer :** une poignée d'amandes effilées grillées.

2.
Pelez et dénoyautez les pêches après les avoir coupées en deux. Vous pouvez les ébouillanter pour les peler plus facilement.

1

▶

3

3.
Faites un sirop léger avec l'eau, le sucre et la vanille. Plongez les demi-pêches dans le sirop, laissez pocher 10 mn.

4

4.
Égouttez-les, laissez refroidir et mettez-les au réfrigérateur.

5

5.
Équeutez les framboises si elles sont fraîches, laissez-les dégeler si elles sont surgelées. Écrasez-les avec le sucre.

6

6.
Faites-les cuire quelques minutes. Filtrez à volonté le coulis obtenu pour éliminer les pépins (au tamis de crin ou de nylon). Laissez refroidir avant de mettre au réfrigérateur.

7

7.
Au moment de servir, sortez tous les éléments du réfrigérateur (vous y aurez placé également 4 coupes). Déposez dans chaque coupe du coulis de framboises, 2 demi-pêches et 2 boules de glace.

8

8.
Décorez d'amandes effilées grillées.

Table alphabétique des re

cettes et de leurs variantes

Cet ouvrage
composé par APS à Tours
a été achevé d'imprimer
en septembre 1983
sur les presses
de la Société d'Arts Graphiques
Fratelli Spada à Ciampino
d'après la maquette
d'Anne Delobel et Hervé Desinge

Dépôt légal : octobre 1983
Numéro d'édition : 8105
Imprimé en Italie